(Frédéric II.)
Éloge de
M. Offroy
la Mettrie.

ÉLOGE

DE M. JULIEN OFFROY LA METTRIE,

Ci-devant Médecin des Gardes Françoises,

prononcé par SA MAJESTE LE ROI DE PRUSSE

Dans son Académie à Berlin.

A BERLIN.

M. DCC. LII.

ELOGE

DE MONSIEUR

LAMETRIE.

PAR SA MAJESTE'

LE ROY DE PRUSSE.

JUlien Offroy la Mettrie nâquit à S. Malo le 25 Décembre 1709. de Julien Offroy la Mettrie, & de Marie Gaudron, qui vivoient d'un commerce assez considérable pour procurer une bonne éducation à leur fils. Ils l'envoyerent au Collége de Coutance pour faire ses humanités, d'où il passa à Paris dans le Collége du Plessis; il fit sa Rhétorique à Caen, & comme il avoit beaucoup de gênie & d'imagination, il remporta tous les prix de l'éloquence; il étoit né Orateur; il aimoit passionnément la Poesie & les belles Lettres: Mais son pere qui crut qu'il y avoit plus à gagner pour un Ecclésiastique que pour un Poete, le destina à l'glise; il l'envoya l'année suivante au Collége du Plessis, où il fit sa Logique sous M. Cordices, qui étoit plus Jansenisthe que Logicien.

C'est le caractére d'une imagination ardente de saisir avec force les objets qu'on lui présente. Comme c'est le caractére de la Jeunesse d'être prévenu des premieres opinions qu'on lui inculque, tout autre diſciple auroit adopté les ſentimens de ſon maître ; ce n'en fut pas aſſez pour le jeune la Mettrie, il devint Janſeniſte, & compoſa un Livre qui eut vogue dans le parti.

En 1725. il étudia la Phiſique au Collége d'Harcourt, & y fit de grands progrès ; de retour en ſa Patrie, le ſieur Huſſaut, Médecin à Saint Malo, lui conſeilla d'embraſſer cette profeſſion ; on perſuada le pere, on l'aſſura que les remédes d'un Médecin médiocre, rapportoient plus que les abſolutions d'un bon Prêtre. D'abord le jeune la Mettrie s'appliqua à l'anatomie, il diſſequa pendant deux hyvers, aprés quoi il prit en 1728. à Reims le bonnet de Docteur,

& y fut reçu Médecin.

En 1733. il fut étudier à Leyde sous le fameux Boheraave ; le Maître étoit digne de l'écolier, & l'écolier se rendit bien-tôt digne du maître. M. de la Mettrie appliqua toute la sagacité de son esprit à la connoissance & à la cure des infirmités humaines, & il devint grand Médecin dès qu'il voulut l'être.

En 1734. il traduisit dans ses momens de loisir le Traité du Feu de M. Boheraave, son *Aphrodisiacus*, & y joignit une Dissertation sur les maladies Vénériennes, dont lui-même étoit l'Auteur ; les vieux Médecins s'éleverent en France contre un écolier qui leur faisoit l'affront d'en sçavoir autant qu'eux ; un des plus célébres Médecins de

Paris lui fit l'honneur de critiquer son Ouvrage (*marque certaine qu'il étoit bon*) la Mettrie repliqua, & pour confondre d'autant mieux son adversaire, en 1738. il composa un Traité du Vertige, estimé de tous les Médecins impartiaux.

Par un malheureux effet de l'imperfection humaine, une certaine basse jalousie est devenue un des attributs des gens de Lettres ; elle irrite l'esprit de ceux qui sont en possession de réputation contre les progrés des naissans gênies ; cette rouille s'attache aux talens sans les détruire, mais elle leur nuit quelquefois. M. la Mettrie qui avançoit à pas de Géans dans la carriere des sciences, souffrit de cette jalousie, & sa vivacité l'y rendit trop sensible.

Il traduiſit à Saint Malo les Aphoriſmes de Boheraave, la Matiere médicale, les Procedés chimériques, la Théorie chimérique, & les Instructions du même Auteur ; il publia preſqu'en même-tems un abrégé de Sidenham : Le jeune Médecin avoit appris par une expérience prématurée, que pour vivre tranquille, il vaut mieux traduire que composer, mais c'eſt le caractere du gênie de s'échapper à la réflexion, fort de ſes propres forces, ſi je puis m'exprimer ainſi, & rempli des recherches de la nature, qu'il faiſoit avec une dexterité infinie, il voulut découvrir au Public les découvertes qu'il avoit faites ; il donna ſon Traité ſur la petite Vérolle, ſa Médecine pratique, & ſix volumes de Commentaires ſur la Phiſiologie du ſieur Boheraave, & tous ces Ouvrages parurent à Paris, quoique l'Auteur les eut compoſé à Saint Malo; il joignit à la théorie de ſon Art une pratique toujours heureuſe, ce qui n'eſt pas un petit éloge pour un Médecin.

En 1742. M. la Mettrie vint à Paris, attiré par la mort de M. Huſſault ſon ancien maître, les Sieurs Morard & Sinobre le placerent auprés du Duc de Grammont, & peu de jours aprés ce Seigneur lui obtint le brevet de Médecin des Gardes; il accompagna ce Duc à la guerre, & fut avec lui à la bataille de Dettingne, au ſiege de Fribourg, & à la bataille de Fontenoy, où il perdit ſon Protecteur qui y fut tué d'un coup de canon.

M. la Mettrie ressentit d'autant plus vivement cette perte, que ce fut en même-tems l'écueil de sa fortune : Voici ce qui y donna lieu.

,, Pendant la campagne de ,, Fribourg, la Mettrie fut at- ,, taqué d'une fiévre chaude ; ,, une maladie est pour un Phi- ,, losophe une école de Phisi- ,, que, il crut s'appercevoir que ,, la faculté de penser n'étoit ,, qu'une suite de l'organisation ,, de la machine, & que le dé- ,, rangement des ressorts in- ,, fluoit considérablement sur ,, cette partie de nous même, ,, que les Métaphisiciens appel- ,, lent l'ame.

,, Rempli de ces idées pen- ,, dant sa convalescence, il por- ,, ta hardiment le flambeau de ,, l'expérience dans les ténébres

„ de la Métaphisique ; il tenta
„ d'expliquer, à l'aide de l'ana-
„ tomie, la texure déliée de l'en-
„ tendement, & il ne trouva
„ que de la mécanique, où d'au-
„ tres avoient supposé une essen-
„ ce supérieure à la matiere : *
„ Il fit imprimer ses conjec-
„ tures philosophiques sous le
„ titre d'Histoire naturelle de
„ l'Ame ; l'Aumônier du Ré-
„ giment sonna le toxin contre
„ lui, & d'abord tous les Dévots
„ criérent.

„ Le vulgaire des Ecclésias-
„ tiques est comme Dom Qui-

* Je ne sçai pas comment je pense, je sçai que je n'ai jamais pensé qu'à l'occasion de mes sens, qu'il y ait des substances immatérielles & intelligentes ; c'est de quoi je ne doute pas : mais qu'il soit impossible à Dieu de communiquer la pensée à la matiere, c'est de quoi je doute fort : je révere la Puissance éternelle, & il ne m'appartient pas de la borner ; je n'affirme rien, je me contente de croire qu'il y a plus de choses possibles qu'on ne pense.

M. Locke.

„ chotte qui trouvoit des avan-
„ tures merveilleuſes dans des
„ événemens ordinaires, ou
„ comme ce fameux Militaire,
„ qui trop plein de ſon ſyſtême,
„ trouvoit des colonnes dans
„ tous les Livres qu'il liſoit; la
„ la plûpart des Prêtres exami-
„ nent tous les Ouvrages de lit-
„ térature, comme ſi c'étoit des
„ Traités de Théologie, rem-
„ plis de ce ſeul objet, ils voient
„ des héréſies par tout, delà
„ viennent tant de faux juge-
„ mens, & tant d'accuſations
„ formées mal-à-propos pour
„ la plûpart contre les Auteurs.
„ Un Livre de Phiſique doit
„ être lû avec l'eſprit d'un Phi-
„ ſicien, la nature, la vérité e'ſt
„ ſon juge, c'eſt elle qui doit
„ l'abſoude ou le condamner.
„ Un Livre d'Anatomie doit

„ être lû dans un même sens.
„ Si un pauvre Médecin prouve
„ qu'un coup de bâton forte-
„ ment appliqué sur le crâne dé-
„ range l'esprit, ou bien qu'à
„ un certain dégré de chaleur la
„ raison s'égare, il faut lui prou-
„ ver le contraire, ou se taire.
„ Si un Astronome habile dé-
„ montre, malgré Josué, que
„ la terre & tous les globes cé-
„ lestes tournent autour du So-
„ leil, il faut, ou mieux calcu-
„ ler que lui, ou souffrir que la
„ terre tourne.

Mais ces Théologiens, qui, par leurs appréhensions continuelles pourroient faire croire aux incrédules que leur cause est mauvaise, ne s'embarrassant pas de si peu de chose, ils s'obstinérent à trouver des semences d'hérésies dans un Ouvrage qui traitoit de phisique, l'Auteur essuya une persécution affreuse, & les Prêtres soutinrent qu'un Médecin accusé d'hérésie ne pouvoit pas guérir les Gardes Françoises.

A la haine des dévots se joignit celle de ses rivaux de gloire, celle-ci se ralluma sur un Ouvrage de M. la Mettrie, intitulé la Politique des Médecins. Un homme plein d'artifices, & dévoré d'ambition, aspiroit à la place vacante de premier Médecin du Roi de France; il crût pour y parvenir, qu'il lui suffisoit d'accabler de ridicule ceux de ses Confreres qui pouvoient prétendre à cette Charge; il fit un libelle contr'eux, & abusant de la facile amitié de M. la Mettrie, il le séduisit à lui prêter la volubilité de sa plume, & la fécondité de son imagination: Il n'en fallut pas davantage pour achever de perdre un homme peu connu, contre lequel étoit toutes les apparences, & qui n'avoit de protection que son mérite.

M. la Mettrie pour avoir été trop sincere, comme Philosophe, & trop officieux comme ami, fut obligé de renoncer à sa Patrie; le Duc de Duras & le Vicomte du Chayla lui conseillerent de se soustraire à la haine des Prêtres, & à la vengeance des Médecins, il quitta donc en 1746. les Hôpitaux de l'Armée, où M. de Sechelle l'avoit placé, & vint philosopher tranquillement à Leyde, il composa sa Penelope, ouvrage Polemique contre les Médecins, où à l'exemple de Démocrite, il plaisantoit sur la vanité de sa profession, ce qu'il y eut de singulier, c'est que les Médecins, dont la charlatanerie est dépeinte au vrai, ne purent s'empêcher d'en rire eux-mêmes en le lisant : Ce qui marque bien qu'il se trouvoit dans l'Ouvrage plus de gayeté que de malice.

M. la Mettrie ayant perdu de vûe ses Hopitaux & ses malades, s'adonna entiérement à la Philosophie spéculative, il fit son Homme-Machine, ou plûtôt il jetta sur le papier quelques pensées fortes sur le matérialisme qu'il s'étoit sans doute proposé de rédiger. Cet Ouvrage qui devoit déplaire à des gens, qui par état sont ennemis déclarés des progrès de la raison humaine, révolta tous les Prêtres de Leyde contre l'Auteur; Calvinistes, Catholiques & Lutheriens oublierent en ce moment, que la consubstantiation, le libre arbitre, la Messe des morts, & l'infaillibilité du Pape les divisoient, ils se réunirent tous pour persécuter un Philosophe qui avoit de plus le malheur d'être François, dans un tems que cette Monarchie faisoit une guerre heureuse à leurs Hautes-Puissances.

Le titre de Philosophe & de malheureux fut suffisant pour procurer à M. la Mettrie un azile en Prusse, avec une pension du Roi ; il se rendit à Berlin au mois de Février de l'année 1748. où il fut reçu membre de l'Académie Royale des Sciences ; la Médecine le revendiqua à la Métaphisique, & il fit un traité de la Dissenterie, & un autre de

l'Atſme, les meilleurs qui ayent été écrits ſur ces cruelles maladies.

Il ébaucha différents Ouvrages ſur des matieres de Philoſophie abſtraite qu'il s'étoit propoſé d'examiner : & par une ſuite de fatalités qu'il avoit éprouvé, ces Ouvrages lui furent dérobés, mais il en demanda la ſuppreſſion auſſi-tôt qu'ils parurent.

M. la Mettrie mourut dans la maiſon de Milord Tyrconel, Miniſtre Plénipotentiaire de France, auquel il avoit rendu la vie ; il ſemble que la maladie connoiſſant à qui elle avoit affaire, ait eu adreſſe de l'attaquer d'abord au cerveau pour le terraſſer plus ſurement, il lui prit une fiévre chaude avec un délire violent, le malade fut obligé d'avoir recours à la ſcience de ſes Collegues, & il n'y trouva pas la reſſource, qu'il avoit ſi ſouvent, & pour lui & pour le Public, trouvé dans la ſienne propre.

Il mourut le 11 de Novembre 1751, âgé de 43 ans, il avoit épouſé Louiſe-Charl. Dreauno, dont il ne laiſſa qu'une fille âgée de cinq ans & quelques mois.

M. la Mettrie étoit né avec un fond de gayeté naturelle intarriſſable. Il avoit l'eſprit vif, & l'imagination ſi féconde, qu'elle faiſoit croître des fleurs dans le terrain aride de la Médecine. La Nature l'avoit fait Orateur & Philoſophe; mais un préſent plus précieux encore qu'il reçut d'elle, fut une ame pure & un cœur ſerviable; tous ceux auxquels les pieuſes injures des Théologiens n'en impoſent pas, regrettent en M. la Metrie un honneſte homme, & un ſçavant Médecin.

www.ingramcontent.com/pod-product-compliance
Lightning Source LLC
LaVergne TN
LVHW020500230826
846091LV00008BA/3298

* 9 7 8 2 0 1 9 2 5 8 7 1 9 *